I0493525

Trabaje bien, viva mejor

Lo que Ud. debe saber para promocionar y vender su trabajo por internet

Leo Socolovsky

Copyright © 2015 L.Socolovsky

ISBN-13: 978-1533367112   ISBN-10: 1533367116
All rights reserved.

Leo Socolovsky

Prólogo

"TIENES QUE HACER QUE TE ENCUENTREN".
Se hace difícil conseguir trabajo después de los
45 años

Aunque hay indicios de que las empresas de a poco comienzan a ser tenidos en cuenta, el desempleo es un gran problema.

Del grupo de desempleados un porcentaje muy alto, tal como señalan estudios serios, son mayores los problemas que enfrenta esta franja etaria en el campo laboral.

Trabajar en casa por internet no es una utopía, es la manera de resolver un urgente problema que afecta a una parte importante de la población.

Pero es importante tener en cuenta que se trata pensar seriamente en convertirte en un trabajador virtual con reales posibilidades de generar ingresos por internet.

Leo Socolovsky

Un punto de partida es el de crear un blog propio, pienso que es el medio ideal para aportar valor a través de contenidos útiles que ayuden a la gente (o simplemente la entretengan).

Si has ayudado a alguien en algo, y aún más si lo haces repetidamente, lograrás su confianza. Ese "secreto" es "la magia de los blogs" que ha producido una explosión en el mundo profesional. Así, poco a poco, construirás una audiencia que te sigue y comparte activamente tus contenidos. Esto más las herramientas que provee la web, como los grupos de las redes sociales, tiene un gran potencial de difusión, incluso para un principiante.

En este libro ofrezco herramientas y conceptos para poder acceder al mundo del trabajo virtual.

Atención, debe quedar claro que el trabajo hay que tomarlo con seriedad, no es fácil ni el dinero te lloverá mágica y súbitamente, se trata de generar tu propio trabajo, sin jefes ni horarios, pero con responsabilidad y profesionalismo.

Leo Socolovsky

Como vender su trabajo por internet

Las personas que recurren a internet por razones laborales reciben constantemente. ofertas incluyendo ofrecimientos de profesionales.

En este contexto donde existe una gran oferta :

¿cómo se toman las decisiones?

1) Por la confianza que genera el oferente.

2) Por la importancia y seriedad de la propuesta.

3) Porque la oferta tiene un valor diferencial.

Es decir, si ofreces material de calidad con información cierta, concreta y útil, en parte gratuitamente, tendrás más visitas en tu web o tu blog.

En la nube, si no presentas contenidos de calidad posteados abiertamente, resulta difcil que consigas muchos lectores.

Si quieres captar clientes, ese puede ser un buen comienzo.

La forma más segura de generar ingresos en la red, es la de vender servicios por internet.

Leo Socolovsky

VENDER SERVICIOS A PRECIO FIJO.

Las personas en general prefieren servicios confiables y e ser posible más baratos.   En lugar de un servicio profesional tradicional, los clientes suelen preferir un profesional que les solucione la parte del trabajo que no pueden realizar y les proporcione precisas instrucciones para realizar lo que resta.

La importancia de construir una "Marca Personal"

Marca Personal es:

- Posicionarse como referente en su tema.
- Que cuando las personas piensen en ti, te relacionen automáticamente con tu profesión.
- Aprender a vender lo que haces (no lo que eres).

Para lograr éxito en lo que haces es necesario gestionar tu perfil personal como si fuera una marca.

MARKETING PERSONAL, UNA HERRAMIENTA NECESARIA

El marketing personal no es "venderse para inflar el ego" es, ser consecuente con uno mismo, porque las burbujas de jabon no duran y al final desaparecen.

Objetivos

Tener una Marca Personal te puede ayudar mucho aun si estas buscando un empleo.

Si eres un trabajador independiente, tener una Marca Propia te servirá para posicionarte mejor en el trabajo que desarrolles.

Tambien podras lograr diferenciarte y destacar.

- Que te encuentren y te elijan.
- Dejar huella en la mente de las personas.

Que te conozcan y te reconozcan.

El MARKETING PERSONAL depende de las acciones y comportamientos que tenemos en nuestra vida diaria que son aprobados o no por el entorno y eso ayuda o dificulta lograr el éxito profesional.

MARKETING PERSONAL es un proceso que apunta a identificar las necesidades y deseos de los posibles destinatarios de nuestro trabajo, y el desarrollo de estrategias que generen relaciones valederas con nuestro entorno laboral.

Todos hacemos **MARKETING PERSONAL**, muchas veces sin saberlo, ya que todas nuestras acciones influyen en la imagen y concepto que tiene la gente de nosotros, es decir, con la forma en que somos percibidos por los demás.

Es muy diferente comercializar un producto que promocionar a una persona. En este caso se trata, de transmitir con convicción quiénes somos y qué hacemos para que el otro se convenza que somos nosotros la mejor opción que tiene.

Esta actividad, necesaria en todos los campos, ya sea un profesional independiente o una empresa, exige dedicacion, ingenio y dinero.

La ecuación es: cuanto mas ingenio, menos dinero deberemos invertir.

Acá intento dar algunas ideas para aprovechar el ingenio en ese area.

Estos son algunos consejos que potenciarán tus esfuerzos y ayudarán a que la gente se fije en tu trabajo.

COMO DIFUNDIR LO QUE HACEMOS CON UN BAJO PRESUPUESTO

Consejos para aumentar y conservar nuestros clientes o pacientes

Regla N 1: Newsletter:

El newsletter es una publicación digital en general informativa que se distribuye a traves del correo electronico con cierta periodicidad (diaria, semanal, mensual, bimensual o trimestral).

Normalmente contienen artículos de interés sobre la marca o el servicio que se presta.

Los que reciben estas comunicaciones son suscriptores que han mostrado interés en la persona o el servicio que brinda y han dado autorización para recibir información por correo.

Todo newsletter debe contener información, que sea de interés y utilidad al público objetivo, de esta manera generar una comunidad de suscriptores.

Leo Socolovsky

Previamente al envío del newsletter se debe construir una base de datos con interesados en recibir la comunicación.

COMO CONSTRUIR UNA BASE DE DATOS

Construir una base de datos con potenciales clientes es uno de los mayores activos que puedes tener.

Desafortunadamente y debido a la desinformación de quienes comercializan bases de datos, muchas personas y empresas han confundido el email marketing con el envío de emails masivos.

Utilizan de la manera incorrecta los correos electrónicos, destruyendo su reputación al enviar mensajes no deseados a personas que no lo han solicitado.

Una buena relación se construye, no se puede convertir en una obligación.

El cliente te contratará cuando esté listo, cuando hayas generado una relación virtual que infunda confianza y seguridad en tu trabajo.

<u>Volante:</u>

Por más que tu propuesta sea trabajar por internet, no se debe olvidar que en nuestro entorno cercano también se pueden generar contactos de trabajo.

Un volante publicitario debe captar rápidamente la atención.

Para lograr captar la atención, se recomienda una frase llamativa, breve y simple, que atraiga a los destinatarios y los haga guardar el volante.

Además, es necesario que el mensaje cumpla con los objetivos del volante, que también deben de estar fijados con claridad. Aunque sólo sea una modesta hojita de papel, es conveniente que contenga información de interés para quien lo recibe.

Debe contener: Nombre, dirección, teléfono, e-mail, Blog y Web (si tiene), y el tipo de servicio ofrecido.

Autoresponder

Se trata de un programa que captura el email de los visitantes al suscribirse a un mini-curso o boletín, generalmente por medio de un formulario, y luego reciben una serie de emails pre-escritos. Existen programas gratuitos de esta herramienta.

Regla 2

Cómo hacer que tus clientes vuelvan

Algunos consejos prácticos que te ayudarán a brindar un servicio excelente que hará que tus clientes te sigan a donde vayas:

1. Asegúrate que tu cliente se sienta cómodo.
2. No lo hagas sentir que es "uno más".
3. Valora su tiempo tanto como el tuyo.

4. Escúchalo activamente.

FORJA UNA BUENA REPUTACIÓN

Para vender tus cualidades como profesional independiente nadie podrá ser el mejor vendedor que tu mismo.

Debes plantearte:

- ¿Qué quiero mostrar?
- ¿De qué quiero mostrar ser experto?
- ¿Como me gustaría verme en el futuro?

PASO 1

Comienza a escribir tus "frases, de autopromoción".

En no más de 60 segundos debes poder explicar que es lo que haces de manera clara y concisa.

Paso 2

IMPORTANTE!! EL NETWORKING ES PARTE DE TU TRABAJO. NO LO DESCUIDES, CONFECCIONA TU TARJETA PERSONAL.

Es necesario tener una tarjeta personal, si tomas tu trabajo con seriedad.

Tu tarjeta personal debes entregarla a tantas personas como sea posible e indaga si el receptor conoce a alguien que necesite tus servicios.

ALGUNOS CONSEJOS SOBRE LAS TARJETAS PERSONALES.

1) Deben ser de buena cartulina y bastante gruesa.

2) Tipografía simple, legible y clara. 3) Debe contener nombre, apellido, dirección, teléfono, web, mail y una frase de 5 palabras que describa tu actividad.

Paso 3

MANTENTE EN CONTACTO

Si tu cliente está satisfecho, se nota. Esa es tu mejor carta de presentación.

Leo Socolovsky

No tengas miedo de parecer obsesivo, la persona sabrá que te estás ocupando de su proyecto.

Paso 4

Así como compramos muchos productos por el envase, también la gente nos compra por "nuestro envase" que es lo que comunicamos a través de nuestra imagen, los mensajes que enviamos a través de lo verbal y lo no verbal.

Tu Blog o tu web deben tener un diseño amigable, sencillo de navegar y proporcionar información relevante; es lo mismo que presentarse correctamente en forma personal dando una buena impresión.

Paso 5

Todo tu trabajo debe responder a un plan y debe ser el resultado de entender de metas que te propones alcanzar y deben estar basadas en el sentido común.

LA CREATIVIDAD EN EL TRABAJO

La creatividad es la capacidad de generar nuevas ideas o nuevas asociaciones entre ideas y conceptos conocidos. Fuente: wikipedia

Es la capacidad de resolver problemas y puede ser desarrollada cuando es estimulada tal como se ejercitan los músculos para deportistas y gimnastas **CONOCER ES DESCUBRIR.**

"La inteligencia consiste no sólo en el conocimiento, sino también en la destreza de aplicar los conocimientos en la práctica."

Para potenciar los procesos de aprendizaje debe plantearse el abordaje interdisciplinario para producir respuestas que comprendan las complejas situaciones actuales.

"ASÍ SE HA HECHO SIEMPRE" es la respuesta al MIEDO AL CAMBIO.

La resistencia a los cambios proviene del miedo que nos genera lo diferente, la posibilidad de no ser aprobados y el temor a perder los lugares ya establecidos.

LA CREATIVIDAD Y LA INNOVACIÓN dependen del trabajo y la preparación constante para investigar, cambiar paradigmas, romper límites y esquemas, no hay suerte ni ideas repentinas que surjan de la nada.

Leo Socolovsky

Si trabajamos en equipo deberíamos generar un cír-
culo de discusión apuntando a producir "Soluciones
creativas"

En nuestra sociedad se insiste mucho en los procesos
de razonamiento, pero es importante
complementarlos con el área emocional y la intuición.
Considerando la teoría de Jean Piaget, sobre el desarrollo de la inteligencia, queda claro que el tránsito de
la inteligencia práctica a la lógica, o sea, desde que
comenzamos a manipular objetos, hasta la posibilidad
de llegar a desarrollar actividades relacionadas con la
vida diaria, formular teorías, utilizar la imaginación sin
necesidad de la comprobación concreta en los prime-
ros años, se hace evidente que para poder formular
un proyecto de vida o cualquier tipo de proyecto es
necesario como condición previa haber adquirido esta
capacidad.

PENSAR ES ACCIÓN.

Las personas nos ponemos en marcha cuando he-
mos creado -previamente- en la cabeza los planes,

las rutas y las ideas que desarrollaremos. Pensar es la fase clave para entrar en acción.

Por eso se dice que el pensamiento es acción, porque es la raíz de cualquier acto posterior.

LA CREATIVIDAD Y SU ESTIMULACIÓN.

Creatividad es la capacidad de ver nuevas posibilidades y hacer algo al respecto, ver un problema, tener una idea, hacer algo sobre ella.

IMPORTANCIA DE
DEFINIR OBJETIVOS ALCANZABLES

Un objetivo es algo que nos importa lo suficiente como para esforzarnos en alcanzarlo.

Definición de objetivos:

Finalidad hacia donde deben dirigirse nuestros esfuerzos para dar cumplimiento a nuestros propósitos. (Wikipedia)

RAZONES:

Establecen un curso a seguir.

Sirven de guía para formular estrategias.

Nos proveen de pautas para encausar nuestras energias.

Leo Socolovsky

Permiten evaluar resultados.

Permiten que podamos determinar prioridades.

LOS OBJETIVOS ALCANZABLES DEBEN PODER MEDIRSE

Deben ser cuantitativos y estar ligados a un límite de tiempo.

No deben prestarse a confusiones.

Deben estar dentro de nuestras posibilidades o del grupo.

Deben ser algo que signifique un desafío, pero deben ser realistas.

Se debe tener la suficiente flexibilidad como para poder adaptarlos a cambios inesperados en el entorno.

CONCLUSIONES

"Los profesionales nos debemos convertir en proveedores de servicios.

La idea es que todos somos empresarios aunque estemos trabajando como empleados.

Es momento de encontrar soluciones diferentes para incrementar nuestras posibilidades de encontrar

Leo Socolovsky

nuevos clientes a quienes ofrecer nuestros servicios profesionales."

ESTILO DE VIDA EN DIGITAL, UNA EXPERIENCIA DIFERENTE

La mayoría de los emprendedores digitales de éxito presumimos del estilo de vida que podemos llevar gracias a la libertad que nos da tener un negocio digital y quizás produzca cierta sensación de envidia con aquellos que todavía siguen anclados a un despacho de 9 a 6, o de los que tienen que desplazarse cada mañana durante una o más horas para ponerse a la cabeza de sus empresas.

Nunca antes en la historia ha sido más fácil poner en marcha un negocio y convertirse en un emprendedor digital de éxito, trabajando desde casa, o si lo prefieres desde un business center, o desde un espacio compartido (coworking, más de moda en estos días). Si todavía no te atreves a dar un paso adelante y comenzar un negocio digital (o negocio en línea), sería bueno que conocieras las ventajas y el bajo riesgo que hoy por hoy tienes para comenzar.

Leo Socolovsky

Déjame ahora hablarte de las ventajas de tener un negocio de libertad espacial, tu negocio en línea:
Se puede trabajar desde cualquier lugar que quieras…un negocio digital te da la libertad de trabajar desde cualquier lugar: ya sea en casa, desde una oficina, desde un espacio compartido .La portabilidad de tu negocio es una de las grandes ventajas de desarrollar un negocio digital.

¿Y esto que ventajas implica? No tienes que viajar hasta tu lugar de trabajo… No solamente estarás ahorrando tiempo al no tener que desplazarte cada día lo que redunda en economía de gastos y tiempo•
Podrás trabajar desde cualquier parte del mundo…
Todo lo que necesitas es tu computadora y una conexión a internet. Otra gran ventaja de poder trabajar desde cualquier parte es que puedes trabajar a la hora que quieras. Tampoco estás limitado a un entorno cercano para encontrar clientes. Tus clientes pueden estar en cualquier parte del mundo. Un negocio digital tiene la ventaja de que eres tú quién planificas a qué horas vas a trabajar. Puedes trabajar a las

horas más productivas: tú elijes en qué momento estás más tranquilo o inspirado para trabajar, porque da igual que trabajes a unas horas que a otras. Aunque a veces resulte dificil se puede conciliar la vida laboral y la vida familiar: puedes estar trabajando mientras los niños en la habitación de al lado están jugando o viendo la televisión. Ahora bien, esto está muy bien, pero para tener el privilegio de este estilo de vida también tienes que tener una fuerte automotivación, que te permita poder mantener la disciplina de una agenda auto gestionada sin que la presión del jefe o de los empleados.

LO PRIVADO Y LO PÚBLICO, LO PERSONAL Y LO PROFESIONAL

Lo personal es cada vez más un medio de proyección profesional. Internet es el campo propicio del emprendedor y un arma indispensable para el profesional independiente.

La reputación online es la manera en que las personas o empresas te perciben al buscar tus datos en internet.

Leo Socolovsky

Depende de la forma en que te presentes y de las cosas que otras personas digan de ti. Pero, esta combinacion entre lo privado, lo público y lo que es personal a lo cual se agrega la importancia de publicar lo profesional, nos obliga a ser muy precavidos, y pensar dos veces antes de postearlo en la web y publicar cuidadosamente tanto nuestros datos como lo que expresamos de otras personas.

Toda información que se posible de asociar contigo forma parte de tu reputación online. Es importante tener en cuenta que la construcción de una "marca personal" te permite establecer una reputación e identidad, manteniendo un nivel de confianza e interacción.

¿Por qué importa tener una buena reputación online?

Porque es extremadamente visible y constituye una manera rápida de ver cómo eres.

Lo mas probable, si buscas un trabajo, expandir tu negocio o conectarte con clientes, que las personas revisen la información que se ha publicado sobre ti para tomar la decisión de aceptarte o contratarte o no. Tambien es necesario, antes de publicar sobre otras personas, tener en cuenta esta informacion:

Normas internacionales que regulan el derecho a la honra y la reputación

El derecho a la honra y la reputación está reconocido expresamente en tratados internacionales de derechos humanos tanto universales como regionales, así como en algunas de las constituciones políticas de América Latina.

El Artículo 11 de la Convención Americana sobre Derechos Humanos dispone: Protección de la Honra y de la Dignidad

1. Toda persona tiene derecho al respeto de su honra y al reconocimiento de su dignidad.

2. Nadie puede ser objeto de injerencias arbitrarias o abusivas en su vida privada, en la de su familia, en su domicilio o en su correspondencia, ni de ataques ilegales a su honra o reputación.

Leo Socolovsky

3. Toda persona tiene derecho a la protección de la ley contra esas injerencias o esos ataques.

Fuente **www.wcl.american.edu**

CUIDA TU REPUTACIÓN EN LA RED, CUESTA MUCHO TRABAJO CONSTRUIRLA Y SE PUEDE DESTROZAR EN UN SEGUNDO.

No olvides revisar lo que otras personas publican sobre ti.

Consejos para construir y mantener una reputacion:

1.- Publicar regularmente, en tu blog o pagina web e interactuar en las redes sociales.

2.- No copiar contenidos de otras personas sin mencionar la fuente.

3.- Responder siempre las consultas con interes y amabilidad.

4.- Aportar tus conocimientos a quien se contacte contigo.

5.- No mentir ni exagerar.

6.- Ser atento con tus interlocutores.

7.- Ser optimista, transmitir pensamientos positivos.

Leo Socolovsky

8.- Publicar trabajos en forma de libros o e-books amplia en mucho la reputacion, tanto en la red como fuera de ella.

CLAVES PARA EMPEZAR A VENDER TUS SERVICIOS POR INTERNET

Identifica quienes pueden ser tus clientes. Uno de los errores más habituales, es pensar que tu cliente es todo el mundo y que cuanto más público al que vender, mayores ingresos. Esta idea, te llevará directamente al fracaso.

Es necesario que encuentres tu "nicho de mercado", aquel que estimes que es rentable. Enfoca tus comunicaciones a dicho público. Cuanto más especializado sea, mejor. Identifica el problema o necesidad de tu cliente potencia. Investiga a tus posibles clientes dentro del mercado que has elegido.

Tu propuesta, debe expresar claramente los beneficios que tu cliente va a conseguir si te escoge a ti y, cómo tú oferta solucionará sus problemas y necesidades.

Leo Socolovsky

Piensa que todas las acciones que lleves a cabo tienen que estar dirigidas a captar su atención, a que conozca tus servicios.

Investiga quiénes podrían ser tus competidores, debes saber que hacen, que servicios ofrecen, que estrategias están llevando a cabo.

Tus competidores pueden servirte como referente o inspiración, pero recuerda que tu propuesta debe ser clara y concreta.

Identifica cuáles son las características que mejor te definen para usarlas en tu propio beneficio. En Internet es muy importante ser creíble, demostrar lo que sabes y tener un historial congruente con lo que ofreces y tú forma de actuar.

Para vender en Internet es indispensable desarrollar un perfil personal muy completo, si no, es difícil que la gente confíe en ti y compre tus servicios.

Estudia los medios vas a utilizar para alcanzar tus objetivos. Como ya he dicho tener un blog, publicar regularmente, contactar a tus seguidores con asiduidad y desarrollar una red de contactos, son maneras concretas de buscar alcanzarlos. Tu blog, será el centro de operaciones, tus perfiles en redes sociales, tu estrategia de contenidos, los tipos de contenidos que vas a utilizar y cómo vas a aportar valor a tu mercado, deben estar incluidos en tu estrategia.

NETWORKING

EL NETWORKING CONSISTE EN ARMAR UNA RED DE CONTACTOS PROFESIONALES CON EL PROPÓSITO DE CONSEGUIR CLIENTES Y ESTABLECER UNA FORMA DE ACTIVIDAD CONJUNTA YA SEA SOCIAL O LABORAL

Cómo armar redes

Internet ha revolucionado la manera de comunicarnos y también la manera de gestionar nuestra red de contactos.

Hoy en día, herramientas como Facebook, Twitter, Google+, son conocidas por todos.

En el caso de las redes profesionales, las más conocidas son LinkedIN, y Xing Las dos son, líderes a nivel mundial y son las que más usuarios agrupan.

Leo Socolovsky

Gracias a estas redes es posible contactar clientes y hacer alianzas .

Es necesario tener en cuenta que para obtener resultados, la constancia es el elemento clave del éxito en estas plataformas.

Es importante participar en grupos de discusión y en debates relacionados con los temas de su interés, prestar ayuda a quien la necesite sin pedir nada a cambio.

Esta es la forma de establecer tu prestigio dentro de la red.

Algunos consejos publicados en distindos portales me parecen realmente sensatos y de utilidad:

Genera interés y confianza

La gente nos valora por lo que sabemos pero confía por lo que somos.

Únete a diferentes grupos sociales o comerciales: participa en cualquier reunión que te permita aumentar su lista de contactos.

- Siempre trata a todos con respeto e interés .
- No mandes cadenas de mails.

Leo Socolovsky

- Escucha, y deja hablar a los demás.
- Arma nuevas redes en base a algo en común.
- Construye diversas redes y conéctanlas.

Es a través de nuestros contactos como nos creamos una reputación y crecemos. Ayudar desinteresadamente a las personas de tu red necesita tiempo y trabajo, pero es la única forma para que te ayuden en el futuro.

Sobre el autor

Fundador de Asociación Civil Paraguas Club.

19 años en el tema de CREACIÓN DE

EMPRENDIMIENTOS y generación de

CAPITAL SOCIAL con personas y

organizaciones del sector público y privado.

Como editor, autor y director, ha realizado

las siguientes

publicaciones:

100 maneras de fracasar en un emprendimiento y

como evitar que vuelva a ocurrir   Año 2005.

Guía de Compras del Librero 1969, 1971, 1975 y

1978.

Como obtener libros Argentinos en el exterior.

Cuadernos del emprendedor: colección de pequeños

libros prácticos para emprendedores, empresarios y

Pymes.

Actualmente estoy ayudando a publicar en la plata-

forma de AMAZON a personas que tienen trabajos

Leo Socolovsky

escritos ya sea científicos o literarios y que les resulta imposible o muy oneroso cumplir con su deseo de transmitir sus pensamientos.

www.ingramcontent.com/pod-product-compliance
Lightning Source LLC
Chambersburg PA
CBHW071834200526
45169CB00018B/1496